BEI GRIN MACHT SICH IHR WISSEN BEZAHLT

AF131190

- Wir veröffentlichen Ihre Hausarbeit,
  Bachelor- und Masterarbeit

- Ihr eigenes eBook und Buch -
  weltweit in allen wichtigen Shops

- Verdienen Sie an jedem Verkauf

Jetzt bei www.GRIN.com hochladen
und kostenlos publizieren

Bibliografische Information der Deutschen Nationalbibliothek:

Die Deutsche Bibliothek verzeichnet diese Publikation in der Deutschen National-bibliografie; detaillierte bibliografische Daten sind im Internet über http://dnb.d-nb.de/ abrufbar.

Impressum:

Copyright © 2015 GRIN Verlag
Druck und Bindung: Books on Demand GmbH, Norderstedt Germany
ISBN: 9783668359024

Dieses Buch bei GRIN:

https://www.grin.com/document/345656

Kevin Gutsche

Menschen mit Übergewicht. Gesundheitsmanagement im Sport

GRIN Verlag

GRIN - Your knowledge has value

Der GRIN Verlag publiziert seit 1998 wissenschaftliche Arbeiten von Studenten, Hochschullehrern und anderen Akademikern als eBook und gedrucktes Buch. Die Verlagswebsite www.grin.com ist die ideale Plattform zur Veröffentlichung von Hausarbeiten, Abschlussarbeiten, wissenschaftlichen Aufsätzen, Dissertationen und Fachbüchern.

Besuchen Sie uns im Internet:

http://www.grin.com/

http://www.facebook.com/grincom

http://www.twitter.com/grin_com

Deutsche Hochschule für

Prävention und Gesundheitsmanagement

Hermann Neuberger Sportschule 3

66123 Saarbrücken

Einsendeaufgabe

Fachmodul:	Gesundheitsmanagement im Sport
Studiengang:	Sportökonomie
Datum Präsenzphase:	10.08.2015 – 13.08.2015
Name, Vorname:	Gutsche, Kevin
Studienort:	**Stuttgart**
Semester:	**SS13**

Inhalt

1 Allgemeinde Angaben zum geplanten Gesundheitssportkonzept

1.1 Schwerpunktthema und Titel des Gesundheitssportkonzepts

Das nachfolgende Gesundheitsportkonzept soll sich auf Menschen mit dem Schwerpunkt Übergewicht konzentrieren. Das Konzept soll in eine privatwirtschaftliche-kommerzielle Fitnesseinrichtung integriert werden. Der Kurs trägt den Namen „Fit und schlank".

Die Begründung des Sportkonzepts liegt in der Hinsicht, dass ein Großteil von Menschen, die sich in Fitnessstudios anmelden unter anderem das Ziel der Gewichtsreduktion haben. Durch eine inaktive Lebensweise und einer nicht angepassten Ernährung führt es langfristig dazu, dass das Körpergewicht sich erhöht. Damit einhergehend verursacht dieser Zustand weitere gesundheitliche Probleme. Jedoch werden diese gesundheitlichen Risiken allerdings nur wenigen Menschen bewusst, sodass meistens das übergeordnete Ziel die Gewichtsreduktion im Fokus steht, anstatt der Reduzierung der Wahrscheinlichkeit des Auftretens des Risikofaktors als Beispiel von Diabetes Mellitus Typ 2. Sofern sich die Person entschlossen hat etwas gegen den derzeitigen Status zu tun, ist langfristig das Problem, dass die Motivation nach einiger Zeit schwindet, wenn sich die neue Gewohnheit nicht durchsetzen kann.

Daher soll hier das Gesundheitssportkonzept mit den praktischen und theoretischen Einheiten dafür sorgen, dass die Gewichtsreduzierung erreicht und auch langfristig gehalten werden kann.

1.2 Bedarf

Die Zunahme von Übergewicht und Adipositas ist ein weltweites Gesundheitsproblem. In einer von 2008-2011 vom Robert-Koch-Institut durchgeführten Studie zur „Gesundheit Erwachsener in Deutschland" (DEGS1) konnte man den kontinuierlichen Anstieg des Übergewichts deutlich aufzeigen. Es wurde eine repräsentative Stichprobe mit Menschen zwischen 18 und 79 Jahren durchgeführt, in der sie zu gesundheitsrelevanten Themen befragt und medizinisch untersucht wurden. Diese erhobenen Daten hat man mit einer Gesundheitsumfrage im Jahr 1998 (BGS98) verglichen. Nach den Daten der Studie DEGS1 konnte man feststellen, dass 67% der Männer und 53% der Frauen übergewichtig sind.

Die Berechnungsgrundlage für die Bestimmung von Übergewicht erfolgt anhand des „Body-Mass-Index" (BMI). Die Weltgesundheitsorganisation definiert Übergewicht mit einem BMI von über 25 kg/m². Ab einem BMI von über 30 kg/m² wird die Person als fettleibig bzw. adipös eingestuft. (WHO, Obesity and Overweight, 2015). Diese Zahlen haben sich im Vergleich zur Umfrage BGS98 nicht großartig verändert. Was allerdings sehr stark auffällt ist die Prävalenz der Menschen mit Adipositas. In der Umfrage im Jahre 1998 waren 18,9% der Männer und 22,5% der Frauen adipös. In der Studie vom Robert-Koch-Institut DEGS1 konnte man feststellen, dass die Prozentzahl an adipösen Männern auf 23,3% angestiegen ist. Bei den Frauen konnte man ein Plus von 1,4 % auf 23,9% verzeichnen (Mensink, Schienkiewitz, Haftenberger et. Al., 2013, S. 788).

Die folgende Abbildung machen die starken zeitlichen Unterschiede und Veränderung nochmals deutlich.

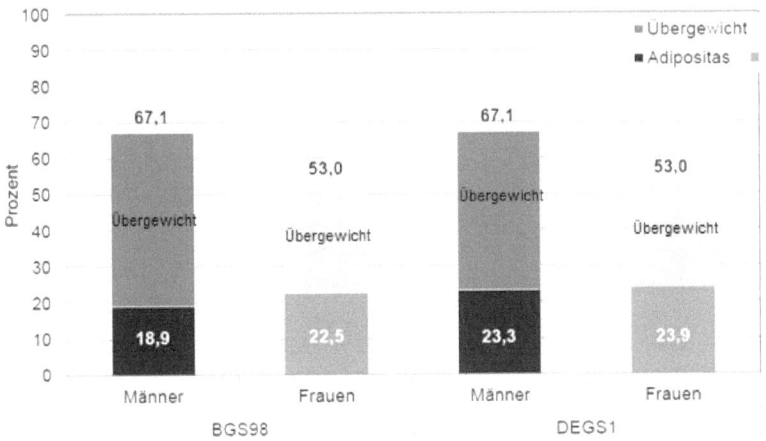

Abbildung 1: Übergewicht und Adipositas im Vergleich von BGS98 und DEGS1 (Robert-Koch-Institut, 2014, S. 6).

Eine neuere Studie des Robert Koch Instituts im Jahr 2012, die 2014 veröffentlicht wurde, mit dem Namen „Gesundheit in Deutschland aktuell 2012" bestätigt die Tendenz der zunehmenden Adipositas in Deutschland.

Man hat im Jahr 2012 26.000 Personen durch eine telefonische Befragung zu unterschiedlichen Gesundheitsthemen interviewt. Diese Daten hat man dann mit den Jahren von 2003, 2009 und 2010 verglichen.

Dabei konnte man feststellen, dass die Prävalenz der Adipositas in den vergangenen Jahren bei Frauen als auch bei Männern zugenommen hat. Ganz wichtig ist es bei dieser Studie zu nennen, dass die Daten nicht medizinisch erhoben wurden, sondern auf Grund einer Befragung. Demnach ist davon auszugehen, dass bei Selbstangaben das Körpergewicht häufig unterschätzt oder falsch angegeben wird. In Bezug auf die Körpergröße wird diese eher überschätzt. Demnach ergeben diese Daten einen anderen BMI als medizinisch gemessene Daten. Dies soll im Bezug auf die vorherige Studie berücksichtigt werden. Bei den Befragungen konnte man nämlich feststellen, dass 2003 die Adipositasprävalenz bei ca. 13% lag. Im Jahr 2009 lag sie bereits bei 16%. Im Vergleich der Jahre von 2009 zu 2012 konnte kein statistisch bedeutsamer Anstieg erkannt werden (Robert-Koch-Institut, 2014, S.24). Die nachfolgende Abbildung soll einen Überblick über den zeitlichen Wandel verschaffen.

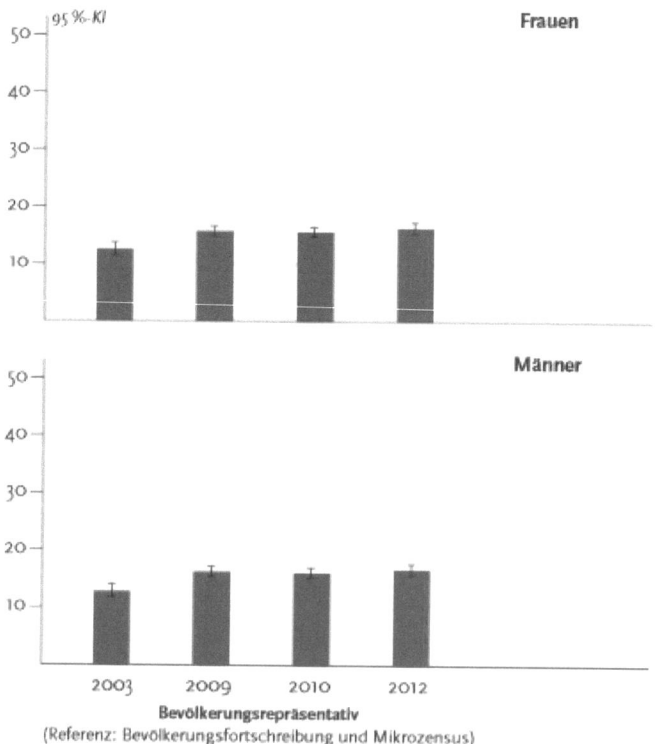

Abbildung 2: Prävalenz der Adipositas bei Frauen und Männern in den Jahren 2003, 2009, 2010 und 2012 (Robert-Koch-Institut, 2014, S.24)

Im Bezug auf diese Auswertung durch das Robert-Koch-Institut soll der Fokus nicht auf die genauen Zahlen liegen, da die Erhebungsmethoden der beiden Studien unterschiedlich sind. Es geht bei der neuen Studie aus dem Jahr 2012 darum, dass die steigende Tendenz verdeutlicht wird und der Risikofaktor in der deutschen Bevölkerung von Übergewicht und Adipositas nach wie vor ein Grund zur Sorge darstellt.

Wie zu Beginn des Textes kurz angedeutet wurde, ist Übergewicht und Adipositas nicht nur in Deutschland, sondern ein globales Problem. Laut der Weltgesundheitsorganisation gab es im Jahr 2014 über 1,9 Milliarden Menschen, die als übergewichtig klassifiziert werden konnten. 600 Millionen Menschen davon hatten einen BMI von über 30 kg/m² und waren somit adipös. Weiterhin macht die WHO deutlich, dass 13% der weltweiten Bevölkerung den Zustand von Adipositas besitzen. Außerdem hat sich die Prävalenz von Adipositas im Zeitraum von 1980 zu 2014 mehr als verdoppelt (WHO, Obesity and Overweight, 2015).

Auf Grund der oben dargestellten Belege für die Wichtigkeit und dem Bedarf von einem Gesundheitssportkonzept für übergewichtige Menschen ist es außerdem wichtig zu nennen, dass die hohe Prävalenz von Übergewicht einen hohen Schaden am Gesundheitssystem anrichten. Nicht nur, dass dadurch hohe Behandlungs- und Arzneimittelkosten entstehen, so muss auch der Schaden berücksichtigt werden, der bei Arbeitsausfällen, Arbeitsunfähigkeit und sogar frühzeitige Verrentung entsteht. Laut dem statistischen Bundesamt liegt die Schätzung der Kosten für das Gesundheitssystem hier zwischen 5 und 15% (Statistisches Bundesamt, 2013). Zu den wichtigsten Ursachen für Übergewicht nennt das statistische Bundesamt ein Mangel an Bewegung und eine zu reichhalte, unausgewogene Ernährung. Zudem nennt die Weltgesundheitsorganisation die zunehmende Technologisierung und Veränderung der Arbeitsverhältnisse, sowie den Unterschied der Transportmöglichkeiten zu früher als weiteren Grund (WHO, Obesity and Overweight, 2015). Einhergehend mit dem hohen Körpergewicht erhöhen sich auch die Risiken an Erkrankungen dramatisch. Kardiovaskuläre Erkrankungen, wie Schlaganfall und Herzerkrankungen, waren 2012 die Haupttodesursache. Weiterhin wird das Risiko für Diabetes Mellitus Typ 2 und einige Krebsarten mit einem gesteigerten BMI erhöht (WHO, Obesity and Overweight, 2015).

Vertraut man auf die Schätzung, sofern der Trend und die Adipositasrate weiter ansteigen, muss Deutschland im Jahre 2020 mit Folgekosten von über 25 Milliarden rechnen (Statistisches Bundesamt, 2013). Gerade dieser Punkt macht deutlich, warum ein Gesundsportkonzept im Bezug auf Adipositas so wichtig ist.

1.3 Wirksamkeit

Im nachfolgenden Absatz werde ich anhand von wissenschaftlichen Quellen die Wirksamkeit geeigneter Programme im Bezug auf Adipositas erläutern.
Der Übersichtlichkeit werden diese beiden Studien in Tabellenform dargestellt.

Tabelle 1: Studie „Effects of low-carbohydrate vs low-fat diets on weight loss and cardiovascular risk factors: a meta-analysis of randomized controlled trials" (Nordmann, Briel & Keller et. Al., 2006)

Autor	Nordmann, A., Briel, M., Keller, U., Yancy W., Brehm, B. & Bucher, H.
Jahr	2006
Titel der Studie	Effects of low-carbohydrate vs low-fat diets on weight loss and cardiovascular risk factors: a meta-analysis of randomized controlled trials
Art der Studie	Metaanalyse
Zielsetzung/Fragestellung	Im Rahmen dieser Metaanalyse wurde untersucht, inwiefern sich die Ernährungsform „low-fat" und „low-carb" auf die Körperkomposition auswirken
Stichprobe	447 Personen aus 5 RCT´s wurden für die Analyse berücksichtigt. Die Studienteilnehmer hatten einen mindestens einen BMI von über 25.
Methodik	In den ausgewählten Studien gab es Personen, die zum Einen eine kohlenhydratreduzierte Ernährungsform eingehalten hatten, während die andere Gruppe auf eine geringe Fettzufuhr achten. Beide Gruppen hatten kein Limit was die Energiezufuhr anging. Die Untersuchung erstreckte sich über sechs und zwölf Monate

8

Ergebnisse	Nach 6 Monaten wurde deutlich, dass die „low-carb"-Gruppe im Durchschnitt 3,3 kg mehr Körpergewicht verloren hat, als die „low-fat"-gruppe
Fazit	Aus dieser Studie lässt sich somit schlussfolgern, dass eine Ernährungsform, die auf eine Reduzierung der Kohlenhydrate abzielt eine gute Form darstellt, um Körpergewicht über einen relativ kurzen Zeitraum zu reduzieren.

Tabelle 2: Studie: „Strengh training and adiposity in premenopausal women" (Schmitz, K., Hannan, P. & Stovitz et. Al., 2007)

Autor	Schmitz K., Hannan P., Stovitz S., Bryan C., Warren M & Jensen, M.
Jahr	2007
Titel der Studie	Strengh training and adiposity in premenopausal women
Art der Studie	RCT
Zielsetzung/Fragestellung	Ziel der Studie war die die Beurteilung der Wirksamkeit eines 2-maligen Krafttrainings zur Vermeidung der Zunahme an Körperfett und viszeralem Fett
Stichprobe	164 übergewichtige Frauen im Alter von 25-44 Jahre
Methodik	Die Interventionsgruppe hat in 2 Jahren ein 2 maliges Krafttraining in der Woche absolviert. Der Kontrollgruppe wurde Broschüren gegeben, in denen das Aerobic Training erläutert wird, welches sie selbstständig durchführen mussten
Ergebnisse	Nach den 2 Jahren hat sich das Körperfett in der Interventionsgruppe um 3.68 +/- 0.99% reduziert. In der Kontrollgruppe hingegen nur um -0.14 +/- 1.04%. Hinsichtlich des viszeralen Fettes konnte eine Reduzierung um 7.05 +/- 5.07% und in der Kontrollgruppe um 21.36 +/- 5.34% realisiert werden.
Fazit	Die Studie hat gezeigt, dass Krafttraining eine wirksame Möglichkeit darstellt, Körperfett und viszerales Fett zu verbessern und präventiv dagegen vorzugehen. Dieses Ergebnis stellt die Wichtigkeit für die Öffentlichkeit dar,

> vermehrt Krafttraining zur Verbesserung der Zahl der Übergewichtigen einzusetzen, um langfristig gegen den Trend der Zunahme der übergewichtigen vorzugehen.

1.4 Zielgruppe

Im nachfolgenden Absatz soll die Zielgruppe für das Gesundheitsportkonzept näher erläutert werden.

Wie sich schon anhand des Titels vermuten lässt, konzentriert sich dieses Konzept auf übergewichtige und adipöse Personen. Hierbei sind alle Personen mit einem BMI von über 25 bis 35 kg/m^2 eingeschlossen. Es können sowohl männliche als auch weibliche Personen teilnehmen. Wie sich oben gezeigt hat, ist die Tendenz zur Steigung der Adipositas in Deutschland bei beiden Geschlechtern zu erkennen. Das Alter der Teilnehmer soll zwischen 40 und 55 liegen, um vom Leistungsstatus ungefähr eine Zielgruppenhomogenität zu schaffen. Weiterhin ist das Alter der Zielgruppe aus dem Grund gewählt, da sich ungefähr alle im mittleren Alter befinden, mit beiden Beinen im Leben stehen und um daraus resultierend eine bessere Gruppendynamik zu erzeugen. Der Familienstand der Zielgruppe kann sowohl leidig als auch verheiratet sein.

Die sportliche Vorerfahrung spielt keine Rolle, sodass Personen mit und ohne Vorerfahrung an dem Kurs teilnehmen können. Weiterhin findet der Sozialstatus der Zielgruppe keine Berücksichtigung. Es können Personen aus allen sozialen Schichten teilnehmen

Abschließend wird von jedem Teilnehmer eine ärztliche Sporttauglichkeitsbescheinigung benötigt, welches das ärztliche Einverständnis zur sportlichen Belastung bestätigt.

Als absolute Ausschlusskriterien gelten Personen, die unter 40 oder über 60 Jahre befinden. Weiterhin scheiden Menschen mit einem Adipositas Grad 2 und 3 aus. Personen, die sich auf Grund ihres Gesundheitszustandes in akuter Behandlung befinden oder die ein Sport-Verbot durch ärztliche Anweisung erhalten haben, können ebenfalls nicht teilnehmen. Da man bei dieser Gruppe davon ausgehen kann, dass einige Personen Diabetes als Erkrankung vorweisen, gilt dies als relatives Ausschlusskriterium.

Hierzu soll der Übungsleiter informiert werden, falls dies nicht auf der sportärztlichen Einverständniserklärung vermerkt ist. Dieser soll vor jeder Praxiseinheit die Höhe des Blutzuckers abfragen, um eine Hypoglykämie im Training zu vermeiden.

2 Ziele und Planung des Gesundheitssportkonzepts

2.1 Inhaltliche und organisatorische Grobplanung

Tabelle 3: Grobplanung Gesundheitssportkonzept „Fit und Schlank"

Übergeordnete Ziele	1. Gewichtsreduktion um 5 kg in 8 Wochen 2. Verbesserung des Belastungsempfinden von Sport 3. Verbesserung des theoretischen Wissens um 30 %
Kursinhalte	Ausdauertraining Krafttraining *1 Grundlagen der Ernährung *2 Grundlagen der Anatomie Stressbewältigung
Gesamtdauer	8 Wochen
Anzahl & Zeitdauer / Kurseinheit	8 x 60 min 8 x 45 min = 115min/ Woche, weil Praxis und Theorie sind eine Übungseinheit
Zeitaufteilung Theorie/Praxis Zeitpunkt der Kurse	60 min Praxis 45 min Theorie Praxis: Montag 17:30 Theorie: Donnerstag 17:30
Teilnehmerzahl	mindestens 10, maximal 15

Erforderliche Ressourcen
  - Räumlichkeiten
 	
  - Medien
 	
  - Teilnehmerunterlagen
	
	  - 1 Kursraum für Theorie und Praxis (ca. 30m²)
	  - Laptop
	  - Beamer
	  - Flipchart (+Stifte)
	  - Handouts, Eingangs-/ Abschlusstest

- Geräte	- Matten
	- Hanteln (15x 2kg)
	- Thera Bänder (15 Stück)
	- Nordic Walking Stöcker (15 Paar)
	- Fahrradergometer (8 Stück)
	- Stühle (15 Stück)
	- Waage (1 Stück)
Qualifikation Betreuungspersonal	- B-Lizenz
	- Ernährungscoach
	- mind. 3 Jahre Berufserfahrung

*1

Als wichtigen Faktor, um die Wirksamkeit des Sportkonzeptes zu gewährleisten, liegt das Krafttraining im Fokus. Wie sich anhand der zweiten Studie in Aufgabe 1.3 gezeigt hat, ist das Krafttraining eine wirkungsvolle Methode, um das Körperfett und das viszerale Fett langfristig zu verbessern und durch den Risikofaktor Übergewicht einhergehende Erkrankungen einzudämmen.

*2

Anhand der ersten Studie lässt sich die Wirksamkeit darstellen, dass die Vermittlung von einer angepassten und individuellen Ernährung, als Beispiel die kohlenhydratreduzierte Ernährungsform, eine solide Basis feststellt, um langfristig Körpergewicht zu verlieren. Demnach ist es wichtig, dass in diesem Kurs auf die Wichtigkeit der Ernährung eingegangen und vermittelt wird, um den Effekt zu maximieren.

2.2 Inhaltliche und methodische Detailplanung

Tabelle 4: Detailplanung 1. Unterrichtseinheit

UE	Sequenz	Thema	Lernziele	Lerninhalte	Methodik
1	Theorie	Begrüßung/ Kennenlernen/ Organisation/ 1.Messung von Körpergewicht/ Eingangstest/ Verteilung Eingangsfragebogen	Teilnehmer und Trainer kennenlernen, Struktur vom Konzept verstehen, Status Quo des theoretischen Wissen der Teilnehmer durch Eingangstest feststellen, Ausgangsgewicht des Sportkonzept ermitteln	Spielregeln &Verhaltensweisen bzw. Struktur erläutern und verstehen; Gegenseitiges Vorstellen und Gründe für Anmeldung für den Kurs nennen, durch eine Körpergewichtsmessung soll die Ausgangsbasis ermittelt werden, um eine Ergebnisevaluation am Ende durchzuführen Es erfolgt ein kurzer schriftlicher Test über die relevanten, theoretischen Inhalte des Kurses, damit sowohl Trainer als auch Teilnehmer ihr Wissen überprüfen können. Die Themen sind angelehnt an die nachfolgenden Theoriestunden.	Erläuterung mit Flipchart, Test per Fragebogen Handout für Teilnehmer als Zusammenfassung der Stunde
1	Praxis	Kennenlernen/ Eingangstest Ausdauer	Kennenlernen Gruppenatmosphäre erzeugen Feststellen vom subjektivem Belastungsempfinden beim Fahrradfahren	Zu Beginn wird Spiel zum Auflockern und um Spaß in der Gruppe erzeugen durchgeführt. Es erfolgt als Beispiel „Matten-Sumo" bei dem die Teilnehmer auf allen vieren versuchen den Gegner von der Matte zu stoßen. Es erfolgt mehrmaliges Wechseln innerhalb der Gruppe. Ausführung eines Ausdauertests auf einem Fahrradergometer: 5 Minuten bei 60-80 U/min bei 120 Watt. Teilnehmer sollen nach dem Test auf einer Borg-Skala ihre Einschätzung über das subjektive Belastungsempfinden abgeben.	Erklärung, Nachmachen und evtl. Korrektur durch Kursleiter

13

Tabelle 5: Detailplanung 2. Unterrichtseinheit

UE	Sequenz	Thema	Lernziele	Lerninhalte	Methodik
2	Theorie	Grundlagen der Anatomie	Erlenen und Verstehen von Anatomie und Physiologie des Körpers	Aneignen von theoretischem Wissen über den Aufbau des menschlichen Körpers, die Funktionsweise vom Herz-Kreislauf-System und der wichtigsten Muskel-Gelenk-Systeme	Präsentation mit Laptop und Beamer durch Kursleiter, nähere Erläuterung durch Flipchart, mündl. Mitarbeit der Teilnehmer, Zusammenfassung der UE als Handout
2	Praxis	Ausdauer	Ausführung von verschiedenen Ausdauerübungen zur Stärkung der Ausdauerleistungsfähigkeit	Durchführung von „Nordic Walking" für 30 Minuten. Dies soll in einem moderaten Tempo passieren, damit sich die Gruppe weiter kennenlernt und erkennt, wie Bewegung mit anderen Menschen Spaß macht. Im Kursraum werden anschließend noch weitere ausdauerorientiere Übungen ausgeführt wie z.B. 1. Seilspringen 2. Hampelmänner 3. Schattenboxen mit Tippeln	Erklärung, Nachmachen und evtl. Korrektur durch Kursleiter

14

Tabelle 6: Detailplanung 3. Unterrichtseinheit

UE	Sequenz	Thema	Lernziele	Lerninhalte	Methodik
3	Theorie	Risikofaktor Übergewicht	Teilnehmer sollen Definition und Risikofaktor Übergewicht erarbeiten und verstehen	Definition Übergewicht (laut WHO), Verstehen und Bewusstwerden der gesundheitlichen Auswirkungen von Übergewicht auf z.B. Herz-Infarkt, Schlaganfall, Blutdruck, Diabetes, Cholesterin etc.	Gruppenarbeit, Zusammentragen Ergebnisse auf Flipchart zusammentragen; Handout der Stunde wird vom Kursleiter mitgegeben
3	Praxis	Ausdauer	Kennenlernen von ausdauerorientierten Übungen für Integration in Alltag, Kennenlernen von neuen Intensitäten & höheren Anforderungen	Vermittlung und Ausführung von verschiedenen ausdauerorientierten Übungen mit unterschiedlichen Intensitäten, die die Teilnehmer in der Freizeit oder am Arbeitsplatz ausführen können, um Herz-Kreislauf-System zu stärken. Beispiele für Übungen: 1. Auf der Stelle laufen/marschieren 2. Hampelmänner 3. Knieheben	Erklärung, Nachmachen und evtl. Korrektur durch Kursleiter

15

Tabelle 7: Detailplanung 4. Unterrichtseinheit

UE	Sequenz	Thema	Lernziele	Lerninhalte	Methodik
4	Theorie	Motorische Fähigkeit Kraft & Ausdauer	Vermittlung von theoretischem Wissen und Grundlagen von Kraft & Ausdauer und deren Bedeutung für ein gesundes Leben	Vermittlung von theoretischen Wissen über Kraft und Ausdauer, positive Effekte und Anpassungserscheinungen des Körpers, sowie Verständnis der Reduzierung von Risikofaktoren durch das Training der beiden Fähigkeiten	Gruppenarbeit und anschließendes Präsentieren jede der beiden Gruppen zu den Themen Kraft und Ausdauer, Zusammenfassung der UE als Handout für Teilnehmer
4	Praxis	Kraft	Ausführung von verschiedenen Kraftübungen in allen wichtigen Muskel-Gelenk-Systemen zur Stärkung der Muskulatur und Optimierung der Beweglichkeit	Durchführung von verschiedenen Kraftübungen, die auf Stärkung der Muskulatur ausgerichtet sind, wie z. B. 1. Käfercrunch 2. Seitheben mit 2 kg Hanteln 3. Beinheben auf allen Vieren	Erklärung, Nachmachen und evtl. Korrektur durch Kursleiter

16

Tabelle 8: Detailplanung 5. Unterrichtseinheit

UE	Sequenz	Thema	Lernziele	Lerninhalte	Methodik
5	Theorie	Grundlagen der Ernährung	Vermittlung von Grundlagen einer ausgewogenen Ernährung	Vermittlung von theoretischen Wissen über die Grundlagen einer ausgewogenen Ernährung, Erklärung der Ernährungspyramide der DGE Gruppe erarbeitet in einer Gesprächsrunde Verhaltensweisen, um gesunde Ernährung in den Alltag zu integrieren	Präsentation mit Laptop und Beamer durch Kursleiter, nähere Erläuterung durch Flipchart, mündl. Mitarbeit der Teilnehmer, Gesprächsrunde, Zusammenfassung der UE durch Handout für Teilnehmer
5	Praxis	Kraft	Vermittlung von Übungen zur eigenständigen Ausführung zur Steigerung der Kraftleistung, Kennenlernen von neuen Intensitäten & höheren Anforderungen	Vermittlung und Ausführung von verschiedenen kraftspezifischen Übungen mit unterschiedlichen Intensitäten, die die Teilnehmer in der Freizeit oder am Arbeitsplatz ausführen können, um Skelettmuskeln zu stärken. Beispiele für Übungen: 1. Dips auf einem Stuhl 2. Liegestütze an einer Wand 3. Kniebeuge zum Stuhl	Erklärung, Nachmachen und evtl. Korrektur durch Kursleiter

17

Tabelle 9: Detailplanung 6. Unterrichtseinheit

UE	Sequenz	Thema	Lernziele	Lerninhalte	Methodik
6	Theorie	Einstellung, Verhaltensweisen zu Sport im Alltag	Bewusstwerden von Einstellung und Verhaltensweisen von Sport Integration Sport im Alltag	Eigene Einstellung und Verhaltensweisen bewusst aufzeigen, welche Hindernisse im Alltag entstehen, die die Durchführung von Sport ablenken und langfristiges Durchhalten verhindern. Erarbeiten und Suche nach Lösungen, um Ablenkungen zu verhindern und Barrieren zu reduzieren. Entwicklung von Strategien, um langfristig sportliche Belastung und Förderung zu vollziehen	Brainstorming, Gesprächsrunde, Festhalten von allgemeinen Strategien durch Kursleiter anhand von Flipchart,
6	Praxis	Balance & Yoga	Besseres Körpergefühl erlangen, Ausgeglichenheit und Stressabbau vermitteln und ausführen können	Die Teilnehmer sollen Gleichgewichtsübungen ausführen wie z.B. 1. Auf einem Bein stehen (Augen offen oder geschlossen) 2. Baum im Wind 3. Tandemstand Weitere Übungen aus dem Yoga und Atemübungen sollen noch für Steigerung von Ausgeglichenheit und Abbau von Stress erlernt und ausgeführt werden	Erklärung, Nachmachen und evtl. Korrektur durch Kursleiter

Tabelle 10: Detailplanung 7. Unterrichtseinheit

UE	Sequenz	Thema	Lernziele	Lerninhalte	Methodik
7	Theorie	Einstellung, Verhaltensweisen zur Ernährung, Re-Test	Bewusstwerden von Einstellung und Verhaltensweisen zu gesunder Ernährung, Durchführung des erneuten Test zur Überprüfung der Wirksamkeit von theoretischen Einheiten	Eigene Einstellung und Verhaltensweisen bewusst aufzeigen, welche Hindernisse im Alltag entstehen, die die Ausführung der Einnahme einer gesunden Ernährung und regelmäßigem, frischen Kochen verhindern. Erarbeiten und Suche nach Lösungen, um Ablenkungen zu vermeiden und Barrieren zu reduzieren. Entwicklung von Strategien, um langfristig die Integration einer gesunden, ausgewogenen Ernährung zu erreichen. Bewusst aufzeigen, welche positiven Effekte eine ausgewogene und optimale Ernährung für Körper und Geist haben, wie z.B. Steigerung von Wohlbefinden, höhere Leistungsfähigkeit, etc.	Brainstorming, Gesprächsrunde, Festhalten von allgemeinen Strategien durch Kursleiter anhand von Flipchart, Vortrag und Erklärung durch Kursleiter
7	Praxis	Kleine Rückenschule	Vermittlung von Übungen speziell für den Aufbau eines kräftigen Rückens	Vermittlung und Durchführung von Übungen zur Kräftigung der Rückenmuskulatur, um Beschwerden und Verspannungen zu reduzieren oder präventiv vorzugehen. Teilnehmer sollen die Übungen lernen, um selbstständig diese in der Freizeit ausführen zu können. Unter anderem enthält die Einheit als Beispiel: 1. Schulterbrücke 2. Königsübung 3. Seitstütz	Erklärung, Nachmachen und evtl. Korrektur durch Kursleiter

Tabelle 11: Detailplanung 8. Unterrichtseinheit

UE	Sequenz	Thema	Lernziele	Lerninhalte	Methodik
8	Theorie	Aussichten & Zielsetzung, Messung von Körpergewicht, Ergebnisse 2. Test/ Verteilung Bogen Teilnehmerzufriedenheit	Feedback und zukünftige sportliche Aussichten, Zielsetzung durch Teilnehmer, Angebotspräsentation für Fortsetzung von Sport im Fitnessstudio, Besprechung Re-Test, Bewusstwerden der Wirksamkeit von Sport in Theorie und Praxis	Selbstständige Erarbeitung der Teilnehmer von weiteren mittel- und langfristigen Zielen, um z.B. das Gewicht weiter zu senken, es zu halten oder mehr Sport in den Alltag zu integrieren. Feedbackgespräch welche Inhalte vermittelt und wahrscheinlich langfristig umgesetzt werden können Gespräch über Auswertung der Tests und Aufzeigen der Wirksamkeit des Kurses durch eine Verbesserung von theoretischen Wissen und Abnahme an Körpergewicht, Angebotspräsentation über weiterführende Angebote	Gruppengespräch, Brainstorming, Besprechung Re-Test und Erklärung von Inhalten durch Kursleiter
8	Praxis	Re-Test/ Ausdauer-Kraftorientiertes Ganzkörpertraining, Zusammenfassung	Ermittlung von Verbesserung des Belastungsempfinden durch Re-Test Einprägung und Verinnerlichen von grundlegenden Ausdauer- und Kraftübungen	Durchführung des Re-Tests auf dem Fahrradergometer mit denselben Parametern: 5 Minuten bei 60-80 U/min bei 120 Watt. Teilnehmer sollen nach dem Test auf einer Borg-Skala ihre Einschätzung über das subjektive Belastungsempfinden abgeben. Durchführung eines kraft- und ausdauerorientierten Zirkels, um grundlegende Übungen nochmals zu verinnerlichen	Erklärung, Nachmachen und evtl. Korrektur durch Kursleiter

20

Begründung des Aufbaus der Detailplanung:

Im Folgenden wird auf die wesentlichen Punkte des Sportkonzeptes eingegangen und diese erläutert.

Das 8-wöchige Gesundheitssportkonzept beinhalten jeweils acht Praxis- und acht Theorieeinheiten. In der Praxis sollen entsprechende Übungen vermittelt werden, wobei die Theorie auf Grundlagen, Bedeutung, Motivation und Sinnhaftigkeit abzielt. Nicht nur dass die Teilnehmer Übungen kennen und anwenden können, sondern sie müssen auch den Sinn von Sport verstehen, um ihre alten, ungesunden Verhaltensweisen langfristig ändern zu können.

Die Zeitpunkte der beiden Kurse sind so gewählt, dass Teilnehmer, die ein gängiges Arbeitsleben haben, es bis 17:30 schaffen, wenn sie bis 17 Uhr arbeiten müssen.

Auch für Teilnehmer mit einer Familie ist der Zeitpunkt so gelegt, dass diese es noch rechtzeitig zum Abendessen schaffen, da viele Menschen das gemeinsame Essen mit der Familie sehr wichtig ist. Somit soll die Chance verringert werden, attraktive Teilnehmer zu verlieren, die auf Grund eines ungünstigen Zeitpunktes nicht teilnehmen können.

In der ersten Einheit in der Praxis geht es zunächst darum durch ein Spiel Spaß in der Gruppe zu erzeugen, damit sich alle wohlfühlen. Gerade bei Menschen, die etwas übergewichtig sind und etwas dagegen tun wollen, ist die Schaffung einer positiven Atmosphäre bedeutend, um die Teilnehmerquote über die Dauer des Konzeptes aufrecht zu erhalten. Viele übergewichtige Menschen fühlen sich auf Grund ihrer fehlenden Erfahrung bei der Ausübung von Sport unangenehm wegen ihres Gewichtes. Durch ein lockeres Spiel soll diese Barriere zu Sport abgebaut und das Wohlbefinden beim Sport gesteigert werden.

Um die Effektivität zu messen und hinsichtlich Zielsetzung zu überprüfen, ob dieses erreicht wurde, wird in der Unterrichtseinheit von jedem Teilnehmer das Körpergewicht gemessen, um dieses nach Abschluss des Sportkonzeptes erneut zu messen und einen Vergleich zu ziehen. Zudem soll in der ersten Unterrichtseinheit ein eigens entworfener Ausdauertest durchgeführt werden. Hierzu beantworten die Teilnehmer nach Abschluss die Frage in dem Eingangstest, um die Belastung subjektiv einzuschätzen, inwiefern es anstrengend für sie war.

Wie in der Grobplanung ersichtlich wurde, stehen für den Test nur acht Fahrräder aus ökonomischen Gründen zur Verfügung. Die Gruppe wird in zwei Hälften eingeteilt, sodass nach 5 Minuten die zweite Gruppe den Test durchführt. Auch dieser wird in der letzten Unterrichtseinheit erneut ausgeführt und die Ergebnisse verglichen. Um den Erfolg eines Gesundheitssportkonzepts zu optimieren, müssen neben praktischen Einheiten auch theoretische Inhalte vermittelt werden. Um zu überprüfen, ob die Inhalte optimal vermittelt wurden und der Teilnehmer sein Wissen verbessern konnte, wird in der ersten Unterrichtseinheit ein schriftlicher Test durchgeführt. Dieser wird in der siebten Unterrichtseinheit erneut durchgeführt und die Ergebnisse in der letzten Einheit diskutiert und besprochen.

All die genannten Tests sollen dafür sorgen, dass zum Einen der Kursleiter ein Resümee ziehen kann, inwiefern das Konzept effektiv für die Teilnehmer und somit vielleicht eine Änderung vornehmen kann. Zum Anderen bietet es den Teilnehmern eine perfekte Übersicht, was sie in dem kurzen Zeitraum erreicht haben und verdeutlich, welche positiven Effekte Sport schon nach einer kurzen Zeit haben. Diese Tatsache kann als Argumentation benutzt werden, um langfristig Sport in den Alltag der Teilnehmer zu integrieren. Wenn die Teilnehmer wirklich sehen, was innerhalb kürzester Zeit von acht Wochen im Rahmen der gesetzten Ziele passiert, ist die Wahrscheinlichkeit höher weiter zu machen, um über mehrere Monate einen größeren Erfolg zu erreichen.

In der zweiten Unterrichtseinheit werden anatomische Grundlagen thematisiert. Das hat den Hintergrund, dass die Teilnehmer erstmals sich näher mit dem Körper und dem Aufbau beschäftigen. Somit können sie in der dritten Woche auch viel besser verstehen, welche gesundheitlichen Auswirkungen Übergewicht hat, indem sie die Hintergründe und die Funktionsweise des Körpers kennen.

Der praktische Schwerpunkt in der zweiten und dritten Woche liegt in der Ausdauer. Durch das Nordic Walken soll verdeutlicht werden, wie angenehm und wohltuend eine schnellere Form des Gehens sein kann. Zudem soll durch die Einheit an der frischen Luft und in der Gruppe die Gruppendynamik und die Atmosphäre verbessert werden. In der dritten Woche soll den Teilnehmer Übungen gezeigt werden, die man in der Freizeit und im Alltag machen kann, ohne auf viel Ausrüstung angewiesen zu sein. Dies soll die Chance erhöhen, dass diese öfter umgesetzt werden.

Nachdem Übungen für Ausdauer vermittelt wurden konzentrieren sich die praktischen Einheiten der fünften und sechsten Woche auf die Kraft. Neben dem Training der Ausdauer für die Verbesserung des Herz-Kreislauf-Systems, sorgt der Aufbau von Kraft und Muskulatur für einen erhöhten Grundumsatz durch mehr Muskulatur, welches die Gewichtsabnahme unterstützt. Weiterhin werden dadurch Gelenke entlastet, die Körperstabilität nimmt zu und die Widerstandsfähigkeit gegenüber Alltagsbelastungen wie z.B. Treppensteigen nimmt zu. Daher ist die Vermittlung von Kraftübungen, welche in den Alltag integriert werden können wichtig. Dies wird in der fünften Woche realisiert, nachdem die Teilnehmer in der vorherigen Woche an Übungen für den Kraftaufbau herangetastet wurden. Da dieses Verständnis der Bedeutung von Kraft und Ausdauer wichtig ist, wird den Teilnehmern in der vierten Theorieeinheit unter anderem die Wichtigkeit, Anpassungseffekte und positive Auswirkungen erläutert, damit sie den Sinn verstehen und somit die Chance auf Langfristigkeit erhöht wird.

Da die Kombination von Sport und Ernährung weitaus höhere Effekte erzielt, als nur Sport werden den Teilnehmern die Grundlagen der ausgewogenen Ernährung vermittelt.

Bei der sechsten Unterrichtseinheit liegt der Schwerpunkt der Praxiseinheit im Bereich von Gleichgewicht und Yoga. Dadurch soll den Teilnehmern ein besserer Zugang zu ihrem eigenen Körper verschafft werden, damit sie besser auf sich und die Signale des Körpers achten können. Außerdem werden durch die Übungen Möglichkeiten aufgezeigt, wie man im Alltag durch ein paar Übungen und richtige Atemtechniken Stress reduzieren kann. In der heutigen, hektischen und sehr dynamischen Zeit ist es wichtig mit Stress richtig umgehen zu können, um auf den Körper zu hören und die Gesundheit dadurch nicht beeinträchtigen zu lassen. Denn Stress, ungesunde Lebensweise und einige Erkrankungen werden häufig in Verbindung gebracht. Durch diese Praxiseinheit sollen die Teilnehmer unter anderem lernen anders und gesünder mit Stress umzugehen und diesen abzubauen.

Die Praxis der siebten Unterrichtseinheit konzentriert auf die Inhalte einer kleinen Rückenschule. Hierbei wird im Sportkurs der Fokus auf die Ausführung von Übungen gelegt, die auf die Kräftigung des Rückens abzielen. Der Hintergrund ist, dass die Wahrscheinlichkeit für das Auftreten von Rückenbeschwerden oder Verspannungen bei übergewichtigen Menschen relativ hoch ist.

Auf Grund des hohen Gewichtes werden die Gelenke stark beansprucht und durch einen inaktiven Lebensstil, welcher unter anderem zum Übergewicht führte, werden die Beschwerden zusätzlich gefördert. Demnach sollen den Teilnehmern Übungen gezeigt werden, um selbstständig Kräftigungsübungen für den Rücken durchführen zu können.

Die theoretischen Inhalte der sechsten und siebten Woche zielen mehr auf psychische Hintergründe ab. Die Teilnehmer sollen über ihre eigenen Verhaltensweisen und ihre Gewohnheiten nachdenken, um festzustellen, welche Hindernisse entstehen können, welche es nicht möglich machen regelmäßig und langfristig Sport und eine gesunde Ernährung in den Alltag zu integrieren. Sofern sie diese Barrieren gefunden haben, sollen sie darauf aufbauend Strategien entwickeln, um diese Hindernisse zu vermeiden und schriftlich festhalten. Das Wissen über Übungen zur Steigerung der Kraft und Ausdauer, sowie die Grundlagen einer ausgewogenen Ernährung sorgen in Kombination mit dem richtigen Verhalten und einer Strategie dafür, dass die Wahrscheinlichkeit langfristig erfolgreich zu bleiben, stark erhöht wird.

Zudem wird in der siebten Woche noch der theoretische Re-Test geschrieben.

In der letzten Woche wird in der theoretischen und praktischen Einheit die Re-Tests durchgeführt und besprochen. Es wird das Körpergewicht erneut gemessen und der Ausdauertest erneut durchgeführt. Hierzu wird dann ein Bogen zur Teilnehmerzufriedenheit ausgeteilt, um ein Feedback der Teilnehmer zu erhalten.

Anhand der positiven Ergebnisse des Re-Tests sollen die Teilnehmer erkennen, was sich schon nach einer Intervention von acht Wochen positiv verändern kann. Dies ist die Basis, um argumentativ darauf einzugehen, weitere Angebote des Fitnessstudios zu nutzen, um langfristig weiterhin aktiv und gesund zu leben, sofern die Teilnehmer noch kein Mitglied sind. Unabhängig davon, ob diese Neumitglied werden, sollen in der theoretischen Einheit die Teilnehmer weitere mittel- und langfristige Ziele für sich erarbeiten, um die Fortführung eines gesundheitsfördernden Lebens zu provozieren.

3 Qualitätssicherung, Dokumentation und Erfolgskontrolle

3.1 Qualitätssicherung und Dokumentation

Zur Sicherung der Qualität und Dokumentation der einzelnen Unterrichtseinheiten werden nachfolgend Erhebungsinstrumente erläutert.

Zur Dokumentation über den Verlauf der Kurse erhält der Trainer einen Fragebogen für sich selbst. Nach der Stunde füllt der Trainer den jeweiligen Abschnitt für die Theorie und die Praxis durch und fasst die Einheit zusammen. Dieser Vorgang ist wichtig, um während der Kurses zu überprüfen, ob man im Rahmen der geplanten Inhalte agiert oder durch verschiedene Gründe vom Leitfaden für die Stunde abgewichen ist. Dadurch kann man während der Laufzeit des Gesundheitssportkonzeptes auf den Verlauf eingehen und entsprechende Maßnahmen einleiten, um bei einer Abweichung doch noch das Ziel zu erreichen. Nicht nur während des Kurses soll es dem Trainer ein Feedback geben, sondern auch nach dem Kurs. So kann man auf Grund der Erfahrungen durch die Durchführung der Kurse evaluieren, ob ich als Beispiel für eine Einheit mehr Zeit einplanen oder einen Kursinhalt in eine extra Unterrichtseinheit legen muss, weil sich gezeigt hat, dass die Teilnehmer hier besonders positiv drauf reagieren. Ebenfalls kann ich durch diese Verlaufskontrolle erkennen, ob ein Inhalt nicht so gut verlaufen, wie es eigentlich geplant war. Der Bogen ist für langfristige Verbesserung des Kurses als sehr bedeutsam einzustufen. Dieser Bogen ist dem Anhang unter 8.1 beigefügt.

Im Rahmen der Qualitätssicherung und der fortlaufenden Verbesserung des Kurses soll zu Beginn und abschließend eine Teilnehmerzufriedenheit durchgeführt werden. Dies soll anhand eines schriftlichen Fragebogens erfolgen. Zu Beginn werden die Teilnehmer gefragt, wie sie auf den Kurs aufmerksam geworden sind. Die soll einen Hintergrund liefern, welche Marketingmaßnahme am besten funktioniert. Demnach sollen diese Stärken dann ausgebaut werden, um langfristig eine hohe Teilnehmerzahl der Kurse zu sichern. Da das zweite Ziel, die Verbesserung des subjektivem Belastungsempfindens von Sport, sehr schwer zu messen ist, soll anhand des Fragebogens nach dem Test eine Einschätzung abgegeben werden, wie intensiv die Person den Ausdauertest fand. Dies wird mit dem Abschlussbogen verglichen, um so einen Effekt darstellen zu können.

Die Belastungsparameter vom ersten zum zweiten Test haben sich nicht geändert, sodass man davon ausgehen kann, dass der zweite Test den Teilnehmern leichter fallen wird und man ihnen somit ein kleines Erfolgserlebnis vermittelt und durch den Fragebogen es sichtbar visualisieren kann. Als zweites wird auch auf das Körpergewicht in beiden Fragebögen eingegangen, um auch hier die Veränderung und den Effekt des Kurses und von Sport allgemein darzustellen. Abschließend sollen die Kunden die Teilnahme des Kurses aus ihrer Sichtweise bewerten, um aus dem Feedback eventuelle Maßnahmen einleiten zu können, um den Kurs stetig zu verbessern und kundenorientiert anzupassen. Die beiden Bögen sind dem Anhang unter 8.2 und 8.3 beigefügt.

3.2 Erfolgskontrolle

Ziel	Zielindikator	Erhebungsmethode	Erhebungsinstrument	Messzeitpunkte (t)
Gewichtsreduktion um 5 kg in 8 Wochen	Körpergewicht	Biometrie (Wiegen)	Kaliebrische Personenwaage	T_0: UE 1 T_1: UE 8
Verbesserung des Belastungsempfinden von Sport	Subjektive Einschätzung	Schriftliche Befragung	Likert-Skala	T_0: UE 1 T_1: UE 8
Verbesserung des theoretischen Wissens um 30%	Anzahl richtiger Antworten	Schriftlicher Wissenstest	Testbogen mit 10 Fragen zu Theorie	T_0: UE 1 T_1: UE 7

Die ersten beiden Ziele werden in Rahmen der schriftlichen Befragungen durchgeführt bzw. werden die die Vergleichswerte des Gewichts auf diesen Bögen notiert. Im Hinblick auf das dritte Ziel, die Verbesserung des theoretischen Wissens, werden allgemeine Grundlagen zu den Bereichen Kraft, Ausdauer, Ernährung und Anatomie abgefragt.

4   Vermarktung des Gesundheitssportkonzepts

Im folgenden Absatz werden kurz die Möglichkeiten erläutert, um das Gesundheitskonzept zielorientiert zu vermarkten. Hinsichtlich der Zielgruppe von übergewichtigen und adipösen Menschen im Alter von 40-55 Jahren sollen zum Einen Orthopäden und Arztpraxen mit Spezialisierung auf Diabetes dafür genutzt werden, um auf das Konzept aufmerksam zu machen. Gerade in dem Bereich ist die Affinität der Menschen zu genau dem Thema am größten. Daher besteht hier die Chance eine große Reichweite an Menschen zu erreichen, die dafür in Frage kommen. In den Wartebereichen sollen Informationsflyer und Broschüren ausgelegt werden, die den Kurs näher erläutern und die Vorteile verdeutlichen.

Zum Anderen sollen 4 Wochen vor dem Beginn des Kurses 2 Promoter 1 x die Woche für jeweils 3 Stunden vor einer großen regionalen Firma mit vielen Büros stehen und Werbung für den Kurs machen. Durch eine zielgerichtete Ansprache der Menschen, welche als Zielgruppe in Frage kommen, sollen sie das Bedürfnis für die Teilnahme des Kurses wecken. Somit soll die Aufmerksamkeit weiter steigen. Der Vorteil durch die Ansprache ist, dass potentiell Menschen, die interessiert sind, direkt nachfragen können, welche Inhalte das Konzept enthält. Somit kann man persönlich ins Gespräch kommen und den Kurs emotionaler vermarkten, als es bei einem Flyer der Fall ist.

Als weitere, sehr kostengünstige Maßnahme ist das Anbringen von Flyern an den so genannten schwarzen Brettern von lokalen Supermärkten. Der Vorteil ist hierbei, dass das Anbringen kostenlos ist und der ein oder andere nach dem Einkaufen dort drauf schaut. Diese Möglichkeit ist zwar nicht die optimalste, doch auf Grund der ganz geringen Kosten, die beim Druck der Flyer entstehen, ist ein weiterer Ansatz, den man nutzen kann, um die Aufmerksamkeit zu erhöhen.

Als letzte Maßnahme, welchen einen sehr hohen Effekt hat, ist die Mundpropaganda. Die Mitarbeiter im Studio sollen die Mitglieder auf Bekannte und Verwandte ansprechen, die in diese Zielgruppe passen, und Interesse daran haben, an diesem Kurs teilzunehmen. Der folgende Vorteil liegt hierbei, dass eine Empfehlung in einem persönlichen Gespräch, in dem Vertrauen zwischen dem Trainer und dem Mitglied herrscht, viel besser wahrgenommen wird, als reguläre Printwerbung in der Zeitung.

Wie in Aufgabe 1.2 dargestellt wurde, ist das Potential an Menschen, die an diesem Kurs Interesse hätten immens hoch. Dementsprechend bin ich der Überzeugung, dass mittels dieser nicht aufwendigen und kostengünstigen Marketingmaßnahmen es möglich sein wird, den Kurs mit 15 Teilnehmern zu besetzen und somit die maximale Teilnehmerzahl zu erreichen.

5 Berechnung der Rentabilität

5.1 Steuerliche Bewertung des Gesundheitssportkonzepts

Da das Gesundheitssportkonzept einem privat-wirtschaftliche, kommerziellen Fitnessstudio implementiert werden soll und die Absicht zur Erzielung von Gewinn besteht, handelt es sich um ein umsatzsteuerpflichtiges Angebot.

5.2 Deckungsbeitragsrechnung

Für die nachfolgende Tabelle wird für die Übersichtlichkeit auf folgendes eingegangen.
Der Kursleiter erhält pro Stunde einen Betrag von 13 € (Netto). Durch einen ca. 40% Aufschlag für den Arbeitnehmer entsteht ein Bruttobetrag von 18,20€. Mit diesen Zahlen soll hinsichtlich der Berechnung für den Personaleinsatz gerechnet werden.

Wiederkehrende Kosten

Bezeichnung	Kosten
Raummiete 30 m²	**60 €**
Personalkosten	Pro UE 30 min
- Vorbereitung	0,5 h x 8 UE = 4 h
	4 h x 18,20€ = **72,80€**
Personalkosten	Praxis 8 h x 18,20€ = **145,60€**
- Kursleitung	Theorie (8x45):60 = 6h
	= 6 h x 18,20€ = **109,20€**
Personalkosten:	3 h
- Evaluation	3 h x 18,20€ = **54,60€**

Bezeichnung	Kosten
Konzeptentwicklung:	30 h 30 h x 18,20€ = **546€**

Kalkulatorische Kosten Konzeptvermarktung
  - Druckkosten
  - Erstellung Layout Flyer
  - Promotion-Team
	400€
	50€
	120€
	= **570 €**

Anschaffungen/Geräte
  - Drucksachen (Handouts, Fragebögen)
  - Flipchart + Stifte, Papier etc.
  - Matten
  - Hanteln
  - Thera Bänder
  - Nordic Walking Stöcker
  - Fahrradergometer
  - Stühle
  - Waage
	20 €
	    150 €
	15 á 8 € = 120 €
	15 á 5 € = 75 €
	15 á 3 € = 45 €
	15 á 6 € = 90 €
	8 á 200 € = 1600€
	15 á 5 € = 75 €
	1 á 70 € = 70 €
	= **2245 €**

Demnach ergibt sich für die einmalige Kurskonzeption ein Betrag von 3361 Euro. Dieser soll nun auf zwei Jahre abgeschrieben werden. Die anfallenden Kosten sollen demnach dem Einzelkurs anteilig zu 10% zugerechnet werden, weil laut Aufgabenstellung innerhalb von zwei Jahren zehn Gesundheitssportkurse stattfinden sollen.

Rechnung:

Einzelkosten Kurskonzeption inkl. Abschreibungen:
3361 : 10 = **336,10 €**

Wiederkehrende Kosten pro Kurs

    60 €

+   72,80 €

+ 145,60 €

+ 109,20 €

+   54,60 €

= **442,20€**

Nun werden die beiden Kosten addiert, um die Gesamtkosten pro einzelnem Kurs zu erhalten.

336,10 € + 442,20 € = **778,30 €**

→ Die Gesamtkosten pro Kurs belaufen sich auf **778,30 € (Netto)**

Kalkulation Preis pro Teilnehmer

Bei der Kalkulation des Preises, um kostendeckend zu arbeiten, soll von einer Teilnehmer-zahl, von mindestens 10 ausgegangen werden.

Bei 10 Teilnehmern:

778,30€ : 10 = 77,83 € (Netto)

77,83 x 1,19(Mwst) = **92,62 €** (Brutto)

Bei 15 Teilnehmern:

778,30 : 15 = 51,89 € (Netto)

51,89 x 1,19 (Mwst) = **61,75 €** (Brutto)

Einschätzung der Umsetzbarkeit

Errechnung des Deckungsbeitrages

Gesamtkosten **778,30 €**
Kosten pro Teilnehmer bei 10 = 77,83 €

Von den Kosten ausgehend für 15 Teilnehmer
15 x 77,83 € = **1167,45 €**

1167,54 – 778,30 € = **389,15 €** (netto)

Aus dieser Rechnung ergibt sich, dass der Beitrag durch die Teilnehmer 389,15 € beträgt, der zur Deckung der Kosten beiträgt.

Aus der Sicht des Unternehmens ist das entwickelte Gesundheitssportkonzept mit einem positiven Deckungsbeitrag sehr lukrativ. Vor allem übersteigt die Höhe des Deckungsbeitrages die Einzelkosten der Kurskonzeption. Da die Kosten auf 10 Einheiten auf 2 Jahre gerechnet wurden, wird das Konzept nach 2 Jahren noch lukrativer und rentabler. Nach dieser Laufzeit besteht das Konzept schon und hat nur minimalen Aufwand und Kosten, um eventuelle Anpassungen und Veränderungen vorzunehmen. Demnach ist dies erstelle Konzept aus betriebswirtschaftlicher Sichtweise rentabel.

Auf der anderen Seite muss auch die Sicht der Teilnehmer berücksichtigt werden. Auf Grund der Mindestteilnehmerzahl von 10 Personen, was zu einem Beitrag von knapp 93€ führt, ist dies der maximale Preis, der für diesen Kurs verlangt wird. Für einen 8-wöchigen Kurs ist dies sicherlich ein Preis, den sich nicht jeder leisten kann oder will. Sofern die maximale Teilnehmerzahl von 15 Personen erreicht wird, liegt der Kursbeitrag nur noch bei knapp 62 Euro, was wiederum weitaus interessanter und für jeden machbar sein dürfte. Basierend auf der vorgestellten Bedarfsanalyse in Aufgabe 1.2 ist die Zielgruppe groß genug, um eine Gesamtanzahl von 15 Personen für den Kurs zu erreichen. Hinsichtlich dieser Überlegung ist demnach auch aus der Sicht des Kunden das vorgestellte Gesundheitssportkonzept lukrativ und interessant.

6   Literaturverzeichnis

Mensink, G., Schienkiewitz, A., Haftenberger, M., Lampert, T., Ziese, T. & Scheidt-- - Nave, C. (2013). Übergewicht und Adipositas in Deutschland. *Bundesgesundheitsblatt   56, 786-794.* Springer Verlag: Berlin.

Nordmann, A., Briel, M., Keller, U., Yancy W., Brehm, B. & Bucher, H. (2006). *Effects of low-carbohydrate vs low-fat diets on weight loss and cardiovascular risk factors: a meta-analysis of randomized controlled trials.* Zugriff am 24.08.2015. Verfügbar unter: http://www.ncbi.nlm.nih.gov/pubmed/16476868

Robert-Koch-Institut. (2012). *Übergewicht und Adipositas in Deutschland. Werden wir immer dicker?* Zugriff am 17.08.2015. Verfügbar unter: http://www.rki.de/DE/Content/Gesundheitsmonitoring/Studien/Degs/degs_w1/Symposium/degs_uebergewicht_adipositas.pdf?__blob=publicationFile

Robert-Koch-Institut. (2014). *Daten und Fakten: Ergebnisse der Studie Gesundheit in Deutschland Aktuell 2012.* Zugriff am 13.08.2015. Verfügbar unter: http://www.rki.de/DE/Content/Gesundheitsmonitoring/Gesundheitsberichterstattung/GBEDownloadsB/GEDA12.pdf?__blob=publicationFile

Schmitz, K., Hannan, P. Stovitz, P., Bryan, C., Warren, M & Jensen, M. (2007). Strength training and adiposity in premenopausal women. Zugriff am 23.08.2015. Vefügbar unter: http://www.epistemonikos.org/de/documents/c96a8fe5d2e325e039217e0ed085a2341ebc23f7?doc_lang=en

Statistisches Bundesamt Deutschland. (2014). *Jeder zweite Erwachsene in Deutschland hat Übergewicht.* Zugriff am 12.08.2015. Verfügbar unter: https://www.destatis.de/DE/PresseService/Presse/Pressemitteilungen/2014/11/PD14_386_239.html

Statistisches Bundesamt. (2013). *Statistiken und Umfragen zu Übergewicht und Adipositas.* Zugriff am 13.08.2015. Verfügbar unter: http://de.statista.com/themen/1468/uebergewicht-und-adipositas/

World Health Organization. (2015). *Obesity and Overweight*. Zugriff am 13.08.2015. Verfügbar unter: http://www.who.int/mediacentre/factsheets/fs311/en/

7 Abbildungs- und Tabellenverzeichnis

7.1 Abbildungsverzeichnis

7.2 Tabellenverzeichnis

8 Anhang

8.1 „Verlaufsdokumentation"

Verlaufsdokumentation

Unterrichtseinheit: ___   Anwesenheit: ___ von 15 Teilnehmer
   ☐ Theorie
   ☐ Praxis

1. Wurden die geplanten Inhalte umgesetzt?
   ☐ Ja
   ☐ Nein -> Warum nicht: _____

2. Wurden Zeitvorgaben eingehalten?
   ☐ Ja
   ☐ Nein   ->☐ länger, ca. ___ min
             ☐kürzer, ca. ___ min

3. Waren die Aufgabenstellungen und Inhalte für die Gruppe machbar?
   ☐ Ja
   ☐ Nein   ->   ☐zu einfach   ☐zu schwer

4. Wie war die Stimmung in der Gruppe?
   ☐ Gut
   ☐ In Ordnung
   ☐ Schlecht
   Begründung: _____

Weitere Besonderheiten:

_____

8.2 Eingangsfragebogen

Eingangsfragebogen

Geschlecht: ☐ männlich ☐ weiblich   Alter: ___   Größe:____

1. Wie sind sie auf den Kurs aufmerksam geworden?
   - ☐ Empfehlung
   - ☐ Freunde/Bekannte
   - ☐ Flyer Arztpraxis
   - ☐ Promotion-Team
   - ☐ „Schwarzes Brett"

2. Welche Erwartungen haben sie? (mehrere Kreuze möglich)
   - ☐ Allgemein fitter werden
   - ☐ Körpergewicht verlieren
   - ☐ Muskeln aufbauen
   - ☐ Beweglichkeit verbessern
   - ☐ Mehr Spaß am Sport erhalten
   - ☐ Freundeskreis erweitern
   - ☐ Ernährungsstrategien aneignen

3. Wie würden sie ihren Gesundheitszustand beschreiben?
   - ☐ Sehr gut
   - ☐ Gut
   - ☐ Weniger gut
   - ☐ Schlecht

Erst nach Durchführung beider Tests ausfüllen

4. Wie intensiv war der Ausdauertest für sie?

- ☐ Sehr intensiv
- ☐ Intensiv
- ☐ Auszuhalten
- ☐ Weniger intensiv
- ☐ Leicht

5. Körpergewicht

    1. Messung _____

Vielen Dank!

8.3 Teilnehmerzufriedenheit

Teilnehmerzufriedenheit

Geschlecht: ☐ männlich ☐ weiblich   Alter: ___   Größe:___

1. Haben sich ihre Erwartungen erfüllt?
   - ☐ Ja
   - ☐ Teilweise
   - ☐ Nein

2. Welche Veränderungen konnten sie bemerken?
   - ☐ Ich bin fitter
   - ☐ Ich habe abgenommen
   - ☐ Ich fühle mich kräftiger
   - ☐ Ich bin ausgeglichener
   - ☐ Ich habe neue Freunde gefunden
   - ☐ Sport macht mir mehr Spaß
   - ☐ Ich habe meine Essgewohnheiten verbessert

3. Wie beurteilen sie folgende Punkte?	Sehr gut	Gut	weniger gut	schlecht
- Aufbau des Kurses	☐	☐	☐	☐
- Kursinhalte	☐	☐	☐	☐
- Einsatz von Medien	☐	☐	☐	☐
- Zeitpunkt der UE	☐	☐	☐	☐
- Teilnehmergröße des Kurses	☐	☐	☐	☐
- Alltagstauglichkeit	☐	☐	☐	☐
- Verständlichkeit	☐	☐	☐	☐
- Schwierigkeitsgrad	☐	☐	☐	☐
- Kompetenz Trainer	☐	☐	☐	☐
- **Kurs insgesamt**	☐	☐	☐	☐

4. Hat der Kurs geholfen mehr Sport und Ernährung in den Alltag zu integrieren?

☐ Ja

☐ Teilweise

☐ Nein

5. Werden sie den Kurs weiterempfehlen?

☐ Ja

☐ Nein -> Warum nicht: _____

5. Werden sie weitere Angebote des Fitnessstudios nutzen?

☐ Ja

☐ Nein -> Warum nicht: _____

6. Wie intensiv war der erneute Ausdauertest für sie?

1. Messung:	2. Messung
☐ Sehr intensiv	☐
☐ Intensiv	☐
☐ Auszuhalten	☐
☐ Weniger intensiv	☐
☐ Leicht	☐

8. Körpergewicht

1. Messung: _____

2. Messung: _____

weitere

Anmerkungen: _____

Vielen Dank!